Estos son los
dones que quisiera
darte

——— ■ ———

Esta es una colección especial
plena de deseos maravillosos
y de los dones de significado más profundo que
jamás se puedan regalar.

Con las palabras de este libro
quisiera darte
estos dones.

Las ediciones en español
publicadas por

Blue Mountain Arts®

A mi hija, con amor,
sobre las cosas importantes de la vida
por Susan Polis Schutz

Antologías:

Aguántate

Cree siempre en ti y en tus sueños

El matrimonio es una promesa de amor

En tu alma hay nobleza, hijo mío

La verdadera amistad
siempre perdura en el corazón

Lemas para vivir

Si Dios está a tu lado
...no estarás jamás a solas

Te quiero, Mamá

Estos son los

DONES

que quisiera darte

Un libro que es
fuente de dicha y aliento

Editado por Douglas Pagels

Artes Monte Azul™
Boulder, Colorado

Infinitas gracias a aquellos que me dieron la conciencia del valor de los "dones" contenidos en este libro, y mi apreciación sin fin a los escritores colegas cuya sabiduría llena estas páginas. Este libro está dedicado a tres dones especiales en mi vida: mi esposa, Carrie, y mis hijos, Jordan y Casey.

Deseamos expresar nuestro agradecimiento a Susan Polis Schutz por habernos otorgado el permiso de incluir los poemas siguientes, que aparecen en esta publicación: "Más allá de ti...", "Haz un triunfo de cada aspecto...", "A veces piensas que...", "A medida que creces y aprendes...", y "El amor es la fuente de la vida". Propiedad intelectual © 1976, 1983, 1986, 1988, 1992 de Stephen Schutz y Susan Polis Schutz. Todos los derechos reservados.

Texto Bíblico en la pagina 44 tomado de la versión Reina-Valera © 1960 Sociedades Bíblicas en América Latina. © renovado 1988 Sociedades Bíblicas Unidas. Utilizado con permiso.

Número de tarjeta de catálogo de la Biblioteca del Congreso: 2002104859

ISBN: 0-88396-647-6

Algunas marcas comerciales son usadas por licencia.

Elaborado en los Estados Unidos de Norte América.

Tercer impresión en español: 2003

 Este libro se imprimió en papel reciclado.

Este libro está impreso en papel vergé de alta calidad, de 80 lbs, estampado en seco. Este papel ha sido producido especialmente para estar libre de ácido (pH neutral) y no contiene madera triturada ni pulpa no blanqueada. Cumple todos los requisitos de American National Standards Institute, Inc., lo que garantiza que este libro es duradero y podrá ser disfrutado por generaciones futuras.

Hemos llevado a cabo un esfuerzo cuidadoso para identificar la propiedad intelectual de los poemas publicados en esta antología, con el objeto de obtener los permisos correspondientes para reproducir los materiales registrados y reconocer debidamente a los titulares de la propiedad intelectual. Si ha ocurrido algún error u omisión, ha sido totalmente involuntario y desearíamos efectuar su corrección en ediciones futuras, siempre y cuando se reciba una notificación por escrito en la editorial:

Blue Mountain Arts, Inc.

P.O. Box 4549, Boulder, Colorado 80306, EE.UU.

Índice

Los dones...

El don de saber que los mañanas hermosos comienzan hoy mismo

El mañana es una bella senda que te llevará allí donde tú quieres ir...

Si te pasas el día de hoy alejándote de las preocupaciones y acercándote a la serenidad; dejando atrás los conflictos y encaminándote hacia las soluciones; diciéndole adiós al vacío y no abandonando nunca tu búsqueda por realizarte. Si puedes hacer lo que para ti funciona, tu presente será más feliz y tu senda será menos dificultosa. ¿Y lo mejor?

Te estarás encaminando
hacia un bello futuro.

— Douglas Pagels

El don
del buen consejo

Es notable que en la vida si te niegas a aceptar todo lo que no sea lo mejor, casi siempre lo logras.

— W. Somerset Maugham

Disfruta mientras puedas,
y soporta cuando debas.

— Johann Wolfgang von Goethe

Trato de no mirar ni hacia delante ni hacia atrás, sino de dirigir mi mirada hacia arriba.

— Charlotte Brontë

Hay momentos en que la vida no es lo que tú quisieras, pero es todo lo que tienes. Por eso yo digo: ¡Vívela! ¡Ponte un geranio en el sombrero y disfruta!

— Anónimo

El don de saber enfrentar las dificultades

¿Tienes un problema?
Haz lo que puedas
adonde estás
con lo que tengas.

— Theodore Roosevelt

Sólo soy una persona, pero lo soy.
No puedo hacerlo todo, pero puedo
hacer algo. Y lo que puedo hacer,
debo hacerlo.
Y lo que debo hacer,
por la gracia de Dios yo lo haré.

— Edward Everett Hale

Decidí hacer más
de lo que quería hacer,
dejé de hacer muchas cosas
que no quería hacer, y
ya no me preocupé por aquellas
cosas que no podía controlar.

— Anónimo

El don de apreciar
la maravilla

Recorro el mundo maravillándome.

— Oscar Wilde

No sabiendo cuándo asomará el amanecer,
abro todas las puertas.

— Emily Dickinson

Y todas las ventanas
de mi corazón
abro al nuevo día.

— John Greenleaf Whittier

Cada nuevo día brinda el milagro de un nuevo comienzo.
Muchos de los momentos futuros aparecerán
maravillosamente disfrazados de días comunes, pero cada
uno de nosotros puede convertirlos en algo extraordinario.

— Douglas Pagels

Todo lo que no haya ocurrido en mil años
podría darse en el próximo instante.

— Ladino

El don de descubrir
cuán divertido puede ser

La alegría baña la mente de una especie de deleite y la llena de una serenidad constante y perpetua.

— Joseph Addison

Los ángeles vuelan porque
no se dan peso.

— G. K. Chesterton

No hay muchas cosas tan terapéuticas como las sonrisas y la risa. Siempre que consideres las cosas con buen humor, sabrás que tienes un buen corazón.

— Douglas Pagels

Todos los sistemas de supervivencia
deben incluir el sentido del humor.

— Anónimo

El don de la esperanza

Desde los abismos más profundos surge una senda hacia las alturas más elevadas.

— Thomas Carlyle

Cuando necesites ayuda en el trayecto de tu día; cuando necesites menos preocupaciones y más razones para sonreír...
a veces tan sólo debes recordar que:

Todo andará bien. Recorrerás la senda de este día.
Aunque sea un paso por vez.

A veces debes tener paciencia y valentía y fortaleza.
Si no sabes cómo, invéntatelo por el camino. Y aférrate a tu esperanza como si fuera una senda para seguir o una canción para cantar.

Porque si tienes esperanza,
    lo tienes todo.

— Douglas Pagels

Aguántate. Aférrate a la esperanza.

— Robert Browning

El don de una verdadera amistad

Un amigo es una de las cosas más bellas que puedes tener, y una de las mejores cosas que puedes ser. Un amigo es un tesoro vivo, y si tienes uno, posees uno de los dones más valiosos de la vida.

Un amigo es aquél que siempre estará a tu lado, en el momento de sonreír y con cada una de tus lágrimas. Un amigo es algo de lo que siempre puedes depender; esa maravillosa persona que siempre cree en ti de una manera que nadie parece hacerlo.

Un amigo es un refugio.

Un amigo es una sonrisa.

Un amigo es la mano que siempre toma la tuya, no importa donde estés, no importa cuán cerca o cuán lejos estés. Un amigo es alguien que siempre está donde lo necesitas y que siempre — siempre — te querrá. Un amigo es un sentimiento que se lleva en el corazón para siempre.

Un amigo es la puerta que está siempre abierta. Un amigo es aquél a quien puedes dar la llave. Un amigo es una de las cosas más bellas que puedes tener, y una de las mejores cosas que puedes ser.

— Douglas Pagels

El don de comprender
lo que otros están experimentando

Sé amable. Quienes encontrarás
estarán luchando una ardua batalla.

— John Watson

Una de las injusticias de la vida es que te juzguen otros que
tal vez sean culpables también. No estudies a las personas bajo
un microscopio; visualízalas desde cierta distancia. Y deja un
poco de lugar para la compasión en el espacio entre ustedes.

— Douglas Pagels

Más allá de ti, extiende una mano hacia otros, con amor
sincero, respeto, cariño y la comprensión de sus necesidades.

— Susan Polis Schutz

Decide desplegar: ternura a la juventud,
compasión a la ancianidad,
comprensión a los que luchan,
y tolerancia a los débiles y equivocados.
Habrá momentos en tu vida
en que tú serás todos ellos.

— Anónimo

El don de preparar el escenario para las buenas cosas por venir

El mundo es un escenario. Y todos los hombre y mujeres meros actores: Entran y salen de la escena; y a lo largo de su vida, el ser humano representa muchos papeles.

— William Shakespeare

Encuentra aquello que estás destinado a hacer, y hazlo lo mejor que puedas.

— Henry Ward Beecher

No dejes que la vida te desaliente; todos los que llegaron adonde están tuvieron que empezar adonde estaban.

— R. L. Evans

Sigue mereciendo el aplauso, y sin duda lo recibirás.

— Thomas Jefferson

Haz un triunfo de cada aspecto de tu vida.

— Susan Polis Schutz

El don del logro auténtico

Si queremos saber qué es la felicidad, debemos buscarla, no como si fuera oro al final del arco iris, sino entre los seres humanos que viven rica y plenamente la buena vida. Si observas a un hombre realmente feliz, le verás construyendo un bote, componiendo una sinfonía, instruyendo a sus hijos, cultivando dalias dobles en su jardín. No estará buscando la felicidad... sabrá que es feliz en el transcurso de su vivir veinticuatro plenas horas en el día.

— W. Beran Wolfe

Recuerda que hay algo
mejor que ganarse la vida —
es vivir la vida.

— Anónimo

A veces es importante trabajar para ganar el oro. Pero otras veces es esencial tomarse el tiempo para asegurarse de que la decisión más importante del día sea tan sólo elegir el color del arco iris por el cual deslizarse.

— Douglas Pagels

El don de superar las desgracias

En el medio de las desgracias, es bueno recordar que las montañas tienen sus valles, los oasis, sus desiertos, el arco iris su tormenta y cada día su noche.

— Anónimo

Si se te cierra una puerta, quiere decir que Dios te está mostrando otra abierta más allá.

— Anna Delaney Peale

Las desgracias no siempre pueden evitarse. Pero se las puede aliviar… en la sencilla certeza de que serán superadas.

— Seneca

El mundo está avanzando.
Avanza con él.

— Giuseppe Mazzini

El don de convertir
cada día en una obra maestra

Una vida bien vivida es tan sólo la suma
de días bien usados.

— Douglas Pagels

El tiempo no se puede llevar nada de lo que ya nos ha
dado: los tesoros de días pasados siguen siendo tesoros;
los recuerdos más preciosos, siempre lo serán.

En nuestro trayecto aprendemos que la felicidad no es
una gran joya hermosa que tenemos en la mano, o que
perdemos. Cada uno de nosotros es un reloj de arena.
Y en el curso de nuestra vida, nos quedamos con los
diamantes que la arena nos trae.

— Douglas Pagels

El día de hoy
está pleno de bendiciones.

— Mary Baker Eddy

El don del consuelo espiritual

Todo lo que nos convierta en mejores y más felices, Dios lo ha puesto abiertamente ante nosotros o bien cerca.

— Seneca

No toda la religión se encuentra en la iglesia, ni todo el conocimiento se encuentra en el aula.

— Anónimo

Una coincidencia puede ser la mano de Dios que nos toca anónimamente en nuestra vida.

— Anónimo

Si te tiemblan las rodillas,
arrodíllate.

— Anónimo

La vida es frágil: trátala con plegarias.

— Anónimo

El don de alejar las preocupaciones

Es tonto preocuparse por algo
tan fugaz como el día de hoy.

— Anónimo

La preocupación es como una mecedora: te da algo para
hacer, pero no te lleva a ninguna parte.

— Anónimo

Inquietarse es perder el tiempo. Cuánto más se piensa en
un problema más arduo se torna. No tomes todo tan en
serio. Vive tranquilo, sin remordimientos.

— Douglas Pagels

Las palabras "paz" y "tranquilidad"
valen mil piezas de oro.

— Proverbio chino

El don de dispensar sonrisas

El sol, en nuestro trayecto hacia él,
arroja la sombra de nuestra carga detrás de nosotros.

— Samuel Smiles

Una sonrisa es una línea curva
que lo pone todo derecho.

— Anónimo

La vida es un espejo.
Si frunces el ceño ante ella
te lo frunce también;
si le sonríes,
te devuelve el saludo.

— W. M. Thackeray

Una sonrisa es la luz
en la ventana de tu rostro
que le dice a la gente
que tu corazón está en casa.

— Anónimo

El don de ser
lo mejor que puedes ser

A veces piensas
que necesitas
ser perfecta
que no puedes
equivocarte
En esos momentos
pones tanta presión
sobre ti
Quisiera que
te dieras cuenta de
que eres
capaz
como todo el mundo
de alcanzar grandes alturas
pero incapaz
de ser perfecta
Así es que, por favor
haz lo mejor que puedas
y comprende que
ello es suficiente
No te compares
con nadie
Conténtate con ser
la maravillosa
única y muy especial
persona que eres

— Susan Polis Schutz

El don de vivir en
un mundo que sabe perdonar

Mientras el mundo siga girando, ninguno de sus habitantes podrá elevarse jamás mediante el desprecio a los demás.

— Douglas Pagels

El fanatismo y la intolerancia serán siempre las marcas inevitables de la ignorancia... mientras que los resultados de la sabiduría serán la consideración y la comprensión. Hablar de educación sin compasión es como hablar de una línea recta que es torcida.

— D. J. Sizoo

Adonde haya un ser humano yo veo los derechos inherentes que le ha dado Dios sea cual fuere su sexo o su color.

— William Lloyd Garrison

Toda persona, sea cual sea su aspecto, su situación u origen, es merecedora de plena consideración y comprensión. Decidir que quienquiera conozcamos deberá recibir de nosotros una medida justa de buen trato es una ambición y práctica valiosa.

— Anónimo

El don de llegar a conocer a tus compañeros de viaje

Debemos considerar la vida como un viaje... Busquemos formas de hacer más placentero el recorrido para otros y para nosotros mismos. Recordemos que el trayecto de la vida es bueno, es emocionante, y puede ser hermoso si hacemos nuestra parte.

— Seth Harmon

Deseamos que nos clasifiquen según nuestras virtudes excepcionales; tendemos a clasificar a otros según sus excepcionales defectos.

— Henry Bates Diamond

Todo hombre tiene derecho a que se le mida por su mejor momento.

— Ralph Waldo Emerson

Voy adonde tú vas; vayamos de la mano. Ayúdame y te ayudaré. No estaremos aquí mucho tiempo... ayudémonos pues mientras podamos.

— William Morris

El don de palabras suaves
en momentos difíciles

El mantra para ayudarte en el trayecto:
"Debo hacerlo, puedo hacerlo. Debo hacerlo, lo haré".

— Douglas Pagels

Si puedes caminar, puedes bailar.
Si puedes hablar, puedes cantar.

— Proverbio de Zimbabwe

Si bien el mundo está lleno de sufrimientos,
también está lleno de superación.

— Helen Keller

Si la vida te da un limón,
exprímelo y abre un puesto de limonada.

— Anónimo

El don de estar a la altura del propio potencial

Si puedes mandar un hombre a la luna,
podrás encontrar el camino
para llegar adonde quieres.
Hay una manera.
Siempre hay una manera.

— Douglas Pagels

Atrévete a aceptar que eres un manojo de posibilidades, y
emprende el juego de aprovechar al máximo lo mejor de ti.

— Harry Emerson Fosdick

Nadie sabe qué puede hacer
hasta que no lo intente.

— Publilius Syrus

Si hiciéramos todas las cosas de las que somos
capaces, nos dejaríamos literalmente boquiabiertos.

— Thomas A. Edison

El don de tener paciencia con los problemas de la vida

Debes tratar de seguir adelante
lo mejor que puedas.

— Walt Whitman

Cuando deseo considerar un problema específico, abro cierto cajón. Una vez que resuelvo el asunto en la mente, cierro ese cajón y abro otro. Cuando deseo dormir, cierro todos los cajones.

— Napoleon

Ten valentía para las grandes congojas de la vida y paciencia para con las pequeñas; y una vez que hayas laboriosamente cumplido con tu tarea diaria, vete a dormir en paz. Dios estará velando.

— Victor Hugo

Haz que cada nueva mañana sea como abrir la puerta a un mejor día que el de ayer.

— Anónimo

El don de encender velas en la vida de otros

Si una vida brilla, la vida que está a su lado
reflejará su luz.

— Anónimo

Ten un gesto de bondad hacia una persona mayor.
Descubrirás que puedes llenar un entero día de felicidad
para alguien con una sonrisa, una llamada, unas margaritas
frescas o lo que tengas.

Los ancianos tienen tanto que dar a quienes escuchen,
pero ellos se merecen recibir. No te pierdas la oportunidad
de iluminar sus vidas. Un antiguo dicho nos recuerda que
sólo necesitan muy poco, pero que ese poco, lo
necesitan... mucho.

— Douglas Pagels

Tan sólo me deseó "buenos días"
Al pasar a mi lado,
Pero extendió la gloria mañanera
A lo largo de todo mi día.

— Anónimo

El don de un mundo
con más paz

Dame el dinero que se gastó en la guerra y vestiré a cada hombre, mujer y niño con prendas dignas de monarcas. Construiré una escuela en cada valle del mundo. Coronaré cada colina con un templo
dedicado a la paz.

— Charles Sumner

Cuanto más te moleste lo que está mal, mayor será tu ansia de cambiar las cosas para bien. Cuanto más sigamos esa filosofía como personas, más fácil será iluminar nuestros horizontes hacia fuera, abarcando nuestras comunidades, nuestras culturas, nuestros países y la tierra misma que compartimos.

El crisol de paz y buena voluntad está demasiado vacío y cada uno de nosotros debe — de algún modo — ayudar a llenarlo.

— Douglas Pagels

Nosotros hemos de ser el cambio
que deseamos ver en el mundo.

— Mohandas K. Gandhi

El don de mantener en perspectiva los picos y los valles de la vida

Cada montaña implica por lo menos dos valles.

— Anónimo

He tenido mis luchas y tribulaciones.
Dios me ha dado vinagre y
miel, pero me dispensó
el vinagre con cucharita
y la miel con cucharón.

— Atribuido a William Bray

Si quieres vivir más, tienes que aprender el arte de apreciar las pequeñas bendiciones cotidianas de la vida. Nuestro mundo no es todo de oro, pero en él podemos descubrir incontables reflejos dorados.

— Henry Alford Porter

Si no tienes todas las cosas que quieres,
agradece no tener las cosas
que no querías.

— Anónimo

El don de luchar
y perseverar

Lo difícil lo hacemos inmediatamente.
Lo imposible lleva un poco más de tiempo.

— Charles Alexandre de Calonne

Cuando debas,
podrás.

— Proverbio judío

No hace falta que *sepas* cantar.
Es sentir que *quieres* cantar
lo que hace que tu día valga la pena.

— Coleman Cox

Todos aquellos que deseen cantar
encontrarán siempre una canción.

— Proverbio sueco

El don de ascender las escalinatas que llegan a tus estrellas

Si bien tus sueños no se hagan realidad al chasquear los dedos, puedes adelantar hacia tu sueño cada día, y acortar así la distancia entre ambos.

— Douglas Pagels

No importa que procedas lentamente
siempre y cuando no te detengas.

— Confucius

A medida que creces y aprendes
luchas y buscas
es muy importante
que persigas tus propios intereses
con toda el alma
Te llevará tiempo
comprender tu ser plenamente
y descubrir qué es
lo que quieres en tu vida
A medida que creces y aprendes
luchas y buscas
sé que los pasos de tu trayecto
te conducirán por la senda justa

— Susan Polis Schutz

El don de controlar tu destino

Si crees que puedes, o si crees que no puedes, es probable que tengas razón.

— Mark Twain

Libera tu mente de los 'no puedo'.

— Samuel Johnson

La diferencia entre perseverancia y obstinación es que una está motivada por una fuerte voluntad, y la otra por una fuerte falta de voluntad.

— Anónimo

Siempre podemos hacer más y ser más de lo que creemos. *Pensemos* menos, *imaginemos* más.

— Douglas Pagels

El don de saber sonreír
y reducir las tensiones

La vida es bien sencilla,
pero insistimos en complicarla.

— Confucius

Aprende a decir "¡No!" — te resultará más útil que leer en latín.

— C. H. Spurgeon

No tienes porqué responsabilizarte por hacer que todo
funcione. Créeme. Las cosas importantes ya están
arregladas: el sol asoma por la mañana, las estrellas, por
la noche, y, con buena voluntad, un niño, una persona
amada o una persona amiga, compartirá una sonrisa
especial contigo, y todo lo que estaba mal, se pondrá bien.

— Douglas Pagels

Sólo hay dos tipos de preocupaciones en el mundo: Las
cosas que puedes controlar y las que no. Arregla las
primeras, olvídate de las últimas.

— Anónimo

El don de ir más allá de lo común y lograr resultados extraordinarios

No tengas miedo de irte por las ramas.
Allí es donde están los frutos.

— Anónimo

Fíjate en la tortuga: solo adelanta
cuando saca el cuello para afuera.

— James Bryant Conant

No es que no osemos
porque las cosas son difíciles;
es que porque no osamos
se hacen difíciles.

— Seneca

Si haces lo que siempre hiciste,
obtendrás lo que siempre obtuviste.

— Anónimo

El don de alentar
la sonrisa de un niño

Todos... los niños del mundo tienen un enorme deseo de ser amados, queridos y apreciados. En la medida en que cumplamos ese deseo... nosotros también encontraremos la felicidad.

— Anónimo

Que los niños sean felices. Enséñales a llenarse el corazón de maravilla y de valentía y de esperanza. Nada hay más importante que el compartir este momento de la vida. Remonta su cometa, haz que canten sus corazones, que brillen sus sonrisas.

Refleja su belleza de rostro y de alma. Aliéntalos a que no se apresuren. Ámalos en cada instante fugaz. Trata de tener la paciencia de un santo y la misma comprensión. Admíralos. Inspíralos. Y diles de todas las maneras posibles cuánto significan para ti.

— Douglas Pagels

La humanidad siempre siente la felicidad de haber sido feliz; por eso, si les das felicidad ahora, serán felices dentro de veinte años con el recuerdo de esa felicidad.

— Sydney Smith

El don de pedir, creer, recibir

No pido una carga más ligera
sino hombros más poderosos.

— Proverbio judío

No pidas una vida más fácil pide mayor fortaleza. No pidas
labores conmensuradas a tus fuerzas. ¡Pide fuerza
conmensurada a tus labores! Entonces, el hacer tu trabajo
no será un milagro, sino que tú serás el milagro.

— Phillips Brooks

No pido un jardín más grande,
sino semillas más pequeñas.

— Russell Herma Cornwell

Por la mañana siembra tu semilla, y a la tarde no dejes
reposar tu mano; porque no sabes cuál es lo mejor, si
esto o aquello, o si lo uno y lo otro es igualmente bueno.

— Eclesiastés 11:6

El don de respetar a
esa persona en el espejo

Para encontrarte a tí, piensa por tí.

— Socrates

Hasta que no tengas significado para tí,
no podrás ser importante para otros.
Es necesario vivir la vida en bondad propia
para crecer y desarrollarse de forma propia.

— Grace Moore

Todos te ven como pareces ser;
pocos perciben tu verdadero ser.

— Niccolo Machiavelli

No seas nunca tu peor crítico. Trata siempre de ser tu
mejor aliado. Por momentos ayuda reconocer que: "Sé
que soy menos de lo que otros preferirían que fuera, pero
otros no saben que soy tanto más que lo que ellos ven".

— Douglas Pagels

El don de la afinidad
con el medio ambiente

El cielo está bajo tus pies,
no sólo sobre tu cabeza.

— Henry David Thoreau

Haz tu parte por el planeta. Haz las cosas que sabes que
"deberías" hacer. Los hijos de nuestros nietos nos
honrarán por nuestros esfuerzos y visión, o bien nos
condenarán por olvidar que ellos deben vivir aquí mucho
tiempo después de que nosotros ya no estemos. No
olvides lo obvio: este no es un ensayo general. Es la
realidad. Nuestra presencia tiene impacto, pero también la
tienen las precauciones que tomemos. Y el ambiente es el
mundo para nosotros.

— Douglas Pagels

Inclínate, toca la tierra, recibe su influencia; toca las flores,
siente su vida; recibe el significado del viento en tu rostro; deja
que el rayo de sol caiga en tu mano abierta como si pudieras
asirlo. De todos ellos tal vez desprendas algo invisible pero
poderoso. Es la sensación de una existencia más amplia… más
amplia y más elevada.

— Richard Jefferies

El don de saber
que todo estará bien

Ten paciencia. Todo es difícil antes de volverse fácil.

— Saadi

Nada debe temerse en la vida.
Sólo se lo debe comprender.

— Marie Curie

Si el sol y la luna tuvieran dudas,
Se apagarían inmediatamente.

— William Blake

Aquél que tenga el porqué de su vida
puede soportar casi todos los cómo.

— Friedrich Nietzsche

Tu futuro está en las mejores manos.
Planifica según él.

— Douglas Pagels

El don de la fe
en tu vida

Tal como inesperadamente aparece un nudo en el hilo, el desencanto bloquea el sereno fluir de la vida. Si se desenreda la hebra con movimientos aptos, la vida continúa fluyendo serena. Pero si el nudo no se puede corregir, debe ser integrado suavemente en el diseño. Así, la obra final será igualmente bella... si bien no tan perfecta como se deseaba.

— Anónimo

Dormimos, pero el telar de la vida no se detiene y el diseño que estaba tejiendo cuando se puso el sol — estará tejiendo mañana cuando el sol se levante.

— Henry Ward Beecher

El sol no ha dejado jamás de levantarse cada día.

— Celia Thaxter

Para todos los tejidos que hay que tejer, Dios nos da las hebras.

— Proverbio italiano

El don de una vida plena de amor

Me alegro tanto de que estés aquí —
me ayuda a ver cuán
hermoso es mi mundo.

— Johann Wolfgang von Goethe

¡Ven a mi jardín!
Quiero que te vean mis rosas.

— Richard Brinsley Sheridan

El amor es la fuente de la vida.

— Susan Polis Schutz

Se ha escrito que el amor hace que creamos en la
inmortalidad, porque no parece haber lugar en la vida
para una ternura tan infinita.

— Robert Louis Stevenson

Cada uno de nosotros es un ángel con una sola ala.
Sólo podemos volar abrazándonos.

— Luciano de Creschenzo

El don de completar la tarea

Por la mañana me levanto con un dilema: no sé si deseo mejorar el mundo o si deseo disfrutar de él. Por eso es difícil planificar el día.

— E. White

Lo mejor de la vida es que mientras vivamos, tenemos el privilegio de crecer.

— Joshua Loth Liebman

Lo importante en el mundo
no es tanto adónde estás
sino hacia dónde vas.

— Oliver Wendell Holmes

Tu vida es una labor en progreso. Y "progreso" significa — dirigirse siempre hacia delante, siempre tratar de alcanzar, siempre luchar, siempre tratar de mejorar las cosas.

— Douglas Pagels

El don de creer
en los milagros

Te juro que hay cosas divinas más hermosas de lo que las palabras pueden expresar.

— Walt Whitman

Todo cambio es un milagro para contemplar; pero es un milagro que ocurre en cada instante.

— Henry David Thoreau

La marca invariable de
la sabiduría consiste en ver
lo milagroso en lo corriente.

— Ralph Waldo Emerson

El sol, con todos esos planetas girando a su alrededor y dependientes de él, puede madurar un racimo de uvas como si no tuviera nada más que hacer en el universo.

— Galileo Galilei

El don de permitir
que brille tu creatividad

¡Libera tu creatividad!
Aquí está tu arte.
Tú eres quien puede
borrar las nubes
y hacer brillar el sol.
Pinta tu cuadro,
elige tus colores.
Y olvídate de
que hay que colorear
sin salirse de las líneas.

— Douglas Pagels

Todo artista moja el pincel en su alma, y
pinta su propia naturaleza en sus cuadros.

— Henry Ward Beecher

Expresar tu creatividad significa más hacerlo en
tu forma de vivir que con cualquier otro gesto.

— Douglas Pagels

Afectar la calidad del día —
ese es el arte más elevado.

— Henry David Thoreau

El don de comprender qué es lo que te hace tan especial

La gente viaja distancias para admirar la altura de las montañas, las grandes olas del mar, el largo curso de los ríos, el vasto panorama del océano... y pasan al lado de sí mismos sin siquiera imaginar.

— Augustine de Hippo

Lo que es el mundo para nosotros depende de lo que somos para nosotros.

— Lewis G. Janes

Cada persona es una maravilla de posibilidades desconocidas y no realizadas.

— W. G. Jordon

Eres un original, una persona, una obra de arte. Celébralo; que tu originalidad no te intimide. No trates de ser sino la maravilla que eres. Todas las estrellas son importantes para el cielo.

— Douglas Pagels

¿Qué debo ser sino lo que soy?

— Edna St. Vincent Millay

El don de imaginar las posibilidades

La actividad principal de la vida
es disfrutarla.

— Samuel Butler

Muchos tenemos mapas para el trayecto que creemos
que nuestra vida debería seguir. Es importante encaminarse
en la dirección correcta, pero no nos dejemos atrapar tanto
por el destino como para olvidar deleitarnos con el paisaje
de cada nuevo día. Recordemos que algunas de las dichas
secretas del vivir no se encuentran en la carrera de punto
A a punto B, sino en inventar letras imaginarias a lo largo
del camino.

— Douglas Pagels

La verdad es que todo
es un milagro y una maravilla.

— Rabino Barukh

Transforma cada día terrestre
en un pequeño paraíso.

— Ella Wheeler Wilcox

El don de tener siempre un ángel a tu lado

Ojalá tengas siempre un ángel a tu lado ✦ Que te guarde en todo lo que haces ✦ Que te dé confianza en el amanecer que viene ✦ Que te guíe hacia los bellos parajes de tus sueños ✦ Que te dé esperanza brillante como el sol ✦ Y la fuerza del ánimo sereno ✦ Ojalá amor, bienestar y valentía embellezcan tu vida ✦ Y ojalá siempre tengas un ángel a tu lado ✦ Alguien que te levante si tropiezas ✦ Que te dé la valentía de aferrarte a tus sueños ✦ Y la sabiduría de gozar de todo ✦ Guiándote con su mano segura en el camino ✦ Día tras día, la vida trae cambios ✦ Lágrimas un momento, felicidad el otro ✦ Ojalá tu camino sea alegre, sin sentir soledad ✦ Ojalá recibas regalos que siempre te acompañen: alguien a quien amar, un amigo leal ✦ Ojalá el arco iris te sonría después de la tormenta ✦ Ojalá esperanzas te entusiasmen el alma ✦

✦ Ojalá siempre tengas
un ángel a tu lado ✦

— Douglas Pagels

El don de apreciar plenamente la vida

Tal vez no sepa exactamente adónde me dirijo, pero sí sé lo siguiente: me alegro de tener un billete para este maravilloso viaje.

— Douglas Pagels

No hay cura para el nacimiento ni para la muerte excepto disfrutar del plazo entre los dos.

— George Santayana

Que jamás volverá
Es lo que hace tan dulce la vida.

— Emily Dickinson

Es una gran cosa vivir — abrir los ojos por la mañana y contemplar el mundo; beber el aire puro y disfrutar del cálido sol; sentir que el pulso late y que el ser se estremece en la conciencia de la fuerza y la potencia de cada nervio. Es una buena cosa vivir, y es un buen mundo en el que vivimos, pese al abuso que le infligimos.

— Anónimo

El don de la sabiduría
más maravillosa

No es nunca
demasiado tarde
para ser
lo que podrías
haber sido.

— George Eliot

Podemos traer tantas bendiciones a nuestra vida si sólo percibimos que no es *nunca demasiado tarde*. Antes de pasar la página de este día, prométete que desatarás los lazos y abrirás los dones que nos da la vida. Haz lo corriente en forma extraordinaria. ¡Ten salud y esperanza y felicidad! Vive una vida plena en esta tierra, comprende tu verdadero valor, y desea todas tus estrellas.

Y no olvides jamás, ni siquiera un solo día,
    cuán especial
        tú eres.

— Douglas Pagels

El don de lo que retorna

El mundo es redondo, y lo que puede parecer el fin también puede ser tan sólo el comienzo.

— Ivy Baker Priest

El juego de la vida se juega con bumerang. Nuestros pensamientos, acciones y palabras tarde o temprano retornan con precisión sorprendente.

— Anónimo

Dale al mundo
　　lo mejor que puedes
Y todo lo mejor
　　retornará a ti.

— Henry Wadsworth Longfellow

Perfil del autor y editor

Douglas Pagels es uno de los escritores favoritos de
Artes Monte Azul™ desde hace muchos años. Sus dichos
filosóficos y sus sentimientos sobre la amistad y el amor
han sido traducidos en siete idiomas y compartidos con
millones de personas en todo el mundo en tarjetas,
calendarios y sus libros anteriores. Vive en las montañas
de Colorado con su esposa y sus dos hijos.